Ce cahier de texte appartient à

Nom : ....

Prenom : ....

Adresse : ....
....

Ecole : ....

✉ .... @ ....

📞 ....   📱 ....

VOTRE AVIS EST PRÉCIEUX ET COMPTE POUR NOUS. N'HÉSITEZ PAS
À PARTAGER VOTRE EXPÉRIENCE EN LAISSANT UNE NOTE ET/OU
UN COMMENTAIRE SUR AMAZON.

Prevenir en cas d'urgence

NOM : ....
PRÉNOM : ....
ADRESSE : ....

....

✉ ....@.................... 📞 ... ...   📱 ... ...

NOM : ....
PRÉNOM : ....
ADRESSE : ....

....

✉ ....@.................... 📞 ... ...   📱 ... ...

NOM : ....
PRÉNOM : ....
ADRESSE : ....

....

✉ ....@.................... 📞 ... ...   📱 ... ...

NOM : ....
PRÉNOM : ....
ADRESSE : ....

....

✉ ....@.................... 📞 ... ...   📱 ... ...

Emploi du temps

	LUNDI MONDAY LUNES	MARDI TUESDAY MARTES	MERCREDI WEDNESDAY MIÉRCOLES
07h			
08h			
09h			
10h			
11h			
12h			
13h			
14h			
15h			
16h			
17h			
18h			
19h			
20h			
21h			

Notes

Emploi du temps

JEUDI	VENDREDI	SAMEDI	DIMANCHE	
THURSDAY	FRIDAY	SATURDAY	SUNDAY	
JUEVES	VIERNES	SÁBADO	DOMINGO	
				07h
				08h
				09h
				10h
				11h
				12h
				13h
				14h
				15h
				16h
				17h
				18h
				19h
				20h
				21h

Notes

Liste de contacts

NOM : .... PRÉNOM : ....
ADRESSE : ....
✉ ....@.................... 📞 .... 📱 ....

NOM : .... PRÉNOM : ....
ADRESSE : ....
✉ ....@.................... 📞 .... 📱 ....

NOM : .... PRÉNOM : ....
ADRESSE : ....
✉ ....@.................... 📞 .... 📱 ....

NOM : .... PRÉNOM : ....
ADRESSE : ....
✉ ....@.................... 📞 .... 📱 ....

NOM : .... PRÉNOM : ....
ADRESSE : ....
✉ ....@.................... 📞 .... 📱 ....

NOM : .... PRÉNOM : ....
ADRESSE : ....
✉ ....@.................... 📞 .... 📱 ....

Liste de contacts

NOM : .... PRÉNOM : ....
ADRESSE : ....
✉ ....@.......................... ☎ .... 📱 ....

NOM : .... PRÉNOM : ....
ADRESSE : ....
✉ ....@.......................... ☎ .... 📱 ....

NOM : .... PRÉNOM : ....
ADRESSE : ....
✉ ....@.......................... ☎ .... 📱 ....

NOM : .... PRÉNOM : ....
ADRESSE : ....
✉ ....@.......................... ☎ .... 📱 ....

NOM : .... PRÉNOM : ....
ADRESSE : ....
✉ ....@.......................... ☎ .... 📱 ....

NOM : .... PRÉNOM : ....
ADRESSE : ....
✉ ....@.......................... ☎ .... 📱 ....

Liste de contacts

NOM : .... PRÉNOM : ....
ADRESSE : ....
✉ ....@........................ ☎ .... ▢ ....

NOM : .... PRÉNOM : ....
ADRESSE : ....
✉ ....@........................ ☎ .... ▢ ....

NOM : .... PRÉNOM : ....
ADRESSE : ....
✉ ....@........................ ☎ .... ▢ ....

NOM : .... PRÉNOM : ....
ADRESSE : ....
✉ ....@........................ ☎ .... ▢ ....

NOM : .... PRÉNOM : ....
ADRESSE : ....
✉ ....@........................ ☎ .... ▢ ....

NOM : .... PRÉNOM : ....
ADRESSE : ....
✉ ....@........................ ☎ .... ▢ ....

Liste de contacts

NOM : .... PRÉNOM : ....
ADRESSE : ....
✉ ....@.......................... ☎ .... 📱 ....

NOM : .... PRÉNOM : ....
ADRESSE : ....
✉ ....@.......................... ☎ .... 📱 ....

NOM : .... PRÉNOM : ....
ADRESSE : ....
✉ ....@.......................... ☎ .... 📱 ....

NOM : .... PRÉNOM : ....
ADRESSE : ....
✉ ....@.......................... ☎ .... 📱 ....

NOM : .... PRÉNOM : ....
ADRESSE : ....
✉ ....@.......................... ☎ .... 📱 ....

NOM : .... PRÉNOM : ....
ADRESSE : ....
✉ ....@.......................... ☎ .... 📱 ....

 # Mots de passe

SITE WEB : ....
IDENTIFIANT : ....
MOT DE PASSE : ....
✉ ....
QUESTION SECRÈTE : ....

SITE WEB : ....
IDENTIFIANT : ....
MOT DE PASSE : ....
✉ ....
QUESTION SECRÈTE : ....

SITE WEB : ....
IDENTIFIANT : ....
MOT DE PASSE : ....
✉ ....
QUESTION SECRÈTE : ....

SITE WEB : ....
IDENTIFIANT : ....
MOT DE PASSE : ....
✉ ....
QUESTION SECRÈTE : ....

Mots de passe

SITE WEB : ....
IDENTIFIANT : ....
MOT DE PASSE : ....
✉ ....
QUESTION SECRÈTE : ....

SITE WEB : ....
IDENTIFIANT : ....
MOT DE PASSE : ....
✉ ....
QUESTION SECRÈTE : ....

SITE WEB : ....
IDENTIFIANT : ....
MOT DE PASSE : ....
✉ ....
QUESTION SECRÈTE : ....

SITE WEB : ....
IDENTIFIANT : ....
MOT DE PASSE : ....
✉ ....
QUESTION SECRÈTE : ....

LUNDI

✂ Colorie l'intercalaire du Lundi avec la couleur de ton choix, idem pour les autres jours.

Date	Leçons et Devoirs à faire	LUNDI

LUNDI

Date	Leçons et Devoirs à faire

Date	Leçons et Devoirs à faire

LUNDI

LUNDI

Date	Leçons et Devoirs à faire

| Date | Leçons et Devoirs à faire |
|---|---|ешь

LUNDI

LUNDI

Date	Leçons et Devoirs à faire

Date	Leçons et Devoirs à faire	LUNDI

LUNDI

Date	Leçons et Devoirs à faire

| Date | Leçons et Devoirs à faire | LUNDI |

LUNDI

Date	Leçons et Devoirs à faire

Date	Leçons et Devoirs à faire

LUNDI

LUNDI

Date	Leçons et Devoirs à faire

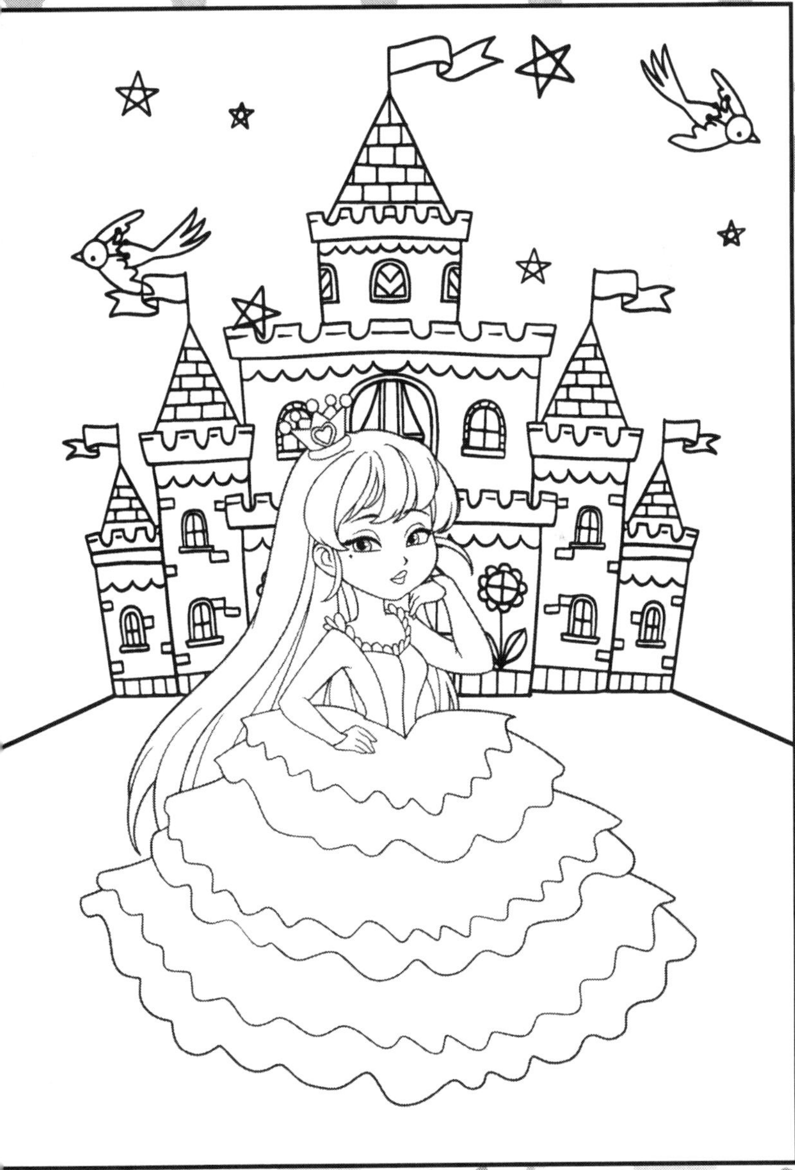

MARDI

← Colorie l'intercalaire du Mardi avec la couleur de ton choix, idem pour les autres jours.

Date	Leçons et Devoirs à faire

MARDI

MARDI

Date	Leçons et Devoirs à faire

Date	Leçons et Devoirs à faire

MARDI

MARDI

Date	Leçons et Devoirs à faire

Date	Leçons et Devoirs à faire

MARDI

MARDI

Date	Leçons et Devoirs à faire

Date	Leçons et Devoirs à faire

MARDI

MARDI

Date	Leçons et Devoirs à faire

Date	Leçons et Devoirs à faire

MARDI

MARDI

Date	Leçons et Devoirs à faire

Date	Leçons et Devoirs à faire

MARDI

MARDI

Date	Leçons et Devoirs à faire

Mercredi

MERCREDI

Date	Leçons et Devoirs à faire

MERCREDI

Date	Leçons et Devoirs à faire

MERCREDI

Date	Leçons et Devoirs à faire

MERCREDI

Date	Leçons et Devoirs à faire

MERCREDI

Date	Leçons et Devoirs à faire

MERCREDI

MERCREDI

Date	Leçons et Devoirs à faire

Date	Leçons et Devoirs à faire

MERCREDI

MERCREDI

Date	Leçons et Devoirs à faire

Date	Leçons et Devoirs à faire

MERCREDI

MERCREDI

Date	Leçons et Devoirs à faire

Date	Leçons et Devoirs à faire

MERCREDI

MERCREDI

Date	Leçons et Devoirs à faire

Jeudi

JEUDI

Date	Leçons et Devoirs à faire

JEUDI

Date	Leçons et Devoirs à faire

JEUDI

Date	Leçons et Devoirs à faire

JEUDI

Date	Leçons et Devoirs à faire

JEUDI

Date	Leçons et Devoirs à faire

JEUDI

Date	Leçons et Devoirs à faire

JEUDI

Date	Leçons et Devoirs à faire

JEUDI

Date	Leçons et Devoirs à faire

JEUDI

Date	Leçons et Devoirs à faire	JEUDI

Date	Leçons et Devoirs à faire

JEUDI

Date	Leçons et Devoirs à faire

JEUDI

Date	Leçons et Devoirs à faire

JEUDI

Vendredi

VENDREDI

Date	Leçons et Devoirs à faire

VENDREDI

Date	Leçons et Devoirs à faire

VENDREDI

Date	Leçons et Devoirs à faire

VENDREDI

Date	Leçons et Devoirs à faire

VENDREDI

Date	Leçons et Devoirs à faire

VENDREDI

VENDREDI

Date	Leçons et Devoirs à faire

Date	Leçons et Devoirs à faire

VENDREDI

VENDREDI

Date	Leçons et Devoirs à faire

Date	Leçons et Devoirs à faire

VENDREDI

Date	Leçons et Devoirs à faire

VENDREDI

Date	Leçons et Devoirs à faire

VENDREDI

Date	Leçons et Devoirs à faire

VENDREDI

Samedi

SAMEDI

Date	Leçons et Devoirs à faire

SAMEDI

Date	Leçons et Devoirs à faire

SAMEDI

Date	Leçons et Devoirs à faire

SAMEDI

Date	Leçons et Devoirs à faire

SAMEDI

Date	Leçons et Devoirs à faire

SAMEDI

Date	Leçons et Devoirs à faire

SAMEDI

Date	Leçons et Devoirs à faire

SAMEDI

Date	Leçons et Devoirs à faire

SAMEDI

Date	Leçons et Devoirs à faire

SAMEDI

Date	Leçons et Devoirs à faire

SAMEDI

Date	Leçons et Devoirs à faire

SAMEDI

DATES D'ANNIVERSAIRES

DATE	NOM	PRÉNOM

DATES D'ANNIVERSAIRES

DATE	NOM	PRÉNOM

Pense bête

Pense bete

Pense bete

Pense bete

Annonces importantes

Annonces importantes

Annonces importantes

Annonces importantes

Tables d'addition

+1
1 + 0 = 1
1 + 1 = 2
1 + 2 = 3
1 + 3 = 4
1 + 4 = 5
1 + 5 = 6
1 + 6 = 7
1 + 7 = 8
1 + 8 = 9
1 + 9 = 10
1 + 10 = 11

+2
2 + 0 = 2
2 + 1 = 3
2 + 2 = 4
2 + 3 = 5
2 + 4 = 6
2 + 5 = 7
2 + 6 = 8
2 + 7 = 9
2 + 8 = 10
2 + 9 = 11
2 + 10 = 12

+3
3 + 0 = 3
3 + 1 = 4
3 + 2 = 5
3 + 3 = 6
3 + 4 = 7
3 + 5 = 8
3 + 6 = 9
3 + 7 = 10
3 + 8 = 11
3 + 9 = 12
3 + 10 = 13

+4
4 + 0 = 4
4 + 1 = 5
4 + 2 = 6
4 + 3 = 7
4 + 4 = 8
4 + 5 = 9
4 + 6 = 10
4 + 7 = 11
4 + 8 = 12
4 + 9 = 13
4 + 10 = 14

+5
5 + 0 = 5
5 + 1 = 6
5 + 2 = 7
5 + 3 = 8
5 + 4 = 9
5 + 5 = 10
5 + 6 = 11
5 + 7 = 12
5 + 8 = 13
5 + 9 = 14
5 + 10 = 15

+6
6 + 0 = 6
6 + 1 = 7
6 + 2 = 8
6 + 3 = 9
6 + 4 = 10
6 + 5 = 11
6 + 6 = 12
6 + 7 = 13
6 + 8 = 14
6 + 9 = 15
6 + 10 = 16

+7
7 + 0 = 7
7 + 1 = 8
7 + 2 = 9
7 + 3 = 10
7 + 4 = 11
7 + 5 = 12
7 + 6 = 13
7 + 7 = 14
7 + 8 = 15
7 + 9 = 16
7 + 10 = 17

+8
8 + 0 = 8
8 + 1 = 9
8 + 2 = 10
8 + 3 = 11
8 + 4 = 12
8 + 5 = 13
8 + 6 = 14
8 + 7 = 15
8 + 8 = 16
8 + 9 = 17
8 + 10 = 18

+9
9 + 0 = 9
9 + 1 = 10
9 + 2 = 11
9 + 3 = 12
9 + 4 = 13
9 + 5 = 14
9 + 6 = 15
9 + 7 = 16
9 + 8 = 17
9 + 9 = 18
9 + 10 = 19

+10
10 + 0 = 10
10 + 1 = 11
10 + 2 = 12
10 + 3 = 13
10 + 4 = 14
10 + 5 = 15
10 + 6 = 16
10 + 7 = 17
10 + 8 = 18
10 + 9 = 19
10 + 10 = 20

NOTES
....
....
....

Tables de soustraction

-1	-2	-3	-4	-5
1 - 1 = 0	2 - 2 = 0	3 - 3 = 0	4 - 4 = 0	5 - 5 = 0
2 - 1 = 1	3 - 2 = 1	4 - 3 = 1	5 - 4 = 1	6 - 5 = 1
3 - 1 = 2	4 - 2 = 2	5 - 3 = 2	6 - 4 = 2	7 - 5 = 2
4 - 1 = 3	5 - 2 = 3	6 - 3 = 3	7 - 4 = 3	8 - 5 = 3
5 - 1 = 4	6 - 2 = 4	7 - 3 = 4	8 - 4 = 4	9 - 5 = 4
6 - 1 = 5	7 - 2 = 5	8 - 3 = 5	9 - 4 = 5	10 - 5 = 5
7 - 1 = 6	8 - 2 = 6	9 - 3 = 6	10 - 4 = 6	11 - 5 = 6
8 - 1 = 7	9 - 2 = 7	10 - 3 = 7	11 - 4 = 7	12 - 5 = 7
9 - 1 = 8	10 - 2 = 8	11 - 3 = 8	12 - 4 = 8	13 - 5 = 8
10 - 1 = 9	11 - 2 = 9	12 - 3 = 9	13 - 4 = 9	14 - 5 = 9
11 - 1 = 10	12 - 2 = 10	13 - 3 = 10	14 - 4 = 10	15 - 5 = 10

-6	-7	-8	-9	-10
6 - 6 = 0	7 - 7 = 0	8 - 8 = 0	9 - 9 = 0	10 - 10 = 0
7 - 6 = 1	8 - 7 = 1	9 - 8 = 1	10 - 9 = 1	11 - 10 = 1
8 - 6 = 2	9 - 7 = 2	10 - 8 = 2	11 - 9 = 2	12 - 10 = 2
9 - 6 = 3	10 - 7 = 3	11 - 8 = 3	12 - 9 = 3	13 - 10 = 3
10 - 6 = 4	11 - 7 = 4	12 - 8 = 4	13 - 9 = 4	14 - 10 = 4
11 - 6 = 5	12 - 7 = 5	13 - 8 = 5	14 - 9 = 5	15 - 10 = 5
12 - 6 = 6	13 - 7 = 6	14 - 8 = 6	15 - 9 = 6	16 - 10 = 6
13 - 6 = 7	14 - 7 = 7	15 - 8 = 7	16 - 9 = 7	17 - 10 = 7
14 - 6 = 8	15 - 7 = 8	16 - 8 = 8	17 - 9 = 8	18 - 10 = 8
15 - 6 = 9	16 - 7 = 9	17 - 8 = 9	18 - 9 = 9	19 - 10 = 9
16 - 6 = 10	17 - 7 = 10	18 - 8 = 10	19 - 9 = 10	20 - 10 = 10

NOTES

Tables multiplication

×1	×2	×3	×4	×5
1 x 0 = 0	2 x 0 = 0	3 x 0 = 0	4 x 0 = 0	5 x 0 = 0
1 x 1 = 1	2 x 1 = 2	3 x 1 = 3	4 x 1 = 4	5 x 1 = 5
1 x 2 = 2	2 x 2 = 4	3 x 2 = 6	4 x 2 = 8	5 x 2 = 10
1 x 3 = 3	2 x 3 = 6	3 x 3 = 9	4 x 3 = 12	5 x 3 = 15
1 x 4 = 4	2 x 4 = 8	3 x 4 = 12	4 x 4 = 16	5 x 4 = 20
1 x 5 = 5	2 x 5 = 10	3 x 5 = 15	4 x 5 = 20	5 x 5 = 25
1 x 6 = 6	2 x 6 = 12	3 x 6 = 18	4 x 6 = 24	5 x 6 = 30
1 x 7 = 7	2 x 7 = 14	3 x 7 = 21	4 x 7 = 28	5 x 7 = 35
1 x 8 = 8	2 x 8 = 16	3 x 8 = 24	4 x 8 = 32	5 x 8 = 40
1 x 9 = 9	2 x 9 = 18	3 x 9 = 27	4 x 9 = 36	5 x 9 = 45
1 x 10 = 10	2 x 10 = 20	3 x 10 = 30	4 x 10 = 40	5 x 10 = 50

×6	×7	×8	×9	×10
6 x 0 = 0	7 x 0 = 0	8 x 0 = 0	9 x 0 = 0	10 x 0 = 0
6 x 1 = 6	7 x 1 = 7	8 x 1 = 8	9 x 1 = 9	10 x 1 = 10
6 x 2 = 12	7 x 2 = 14	8 x 2 = 16	9 x 2 = 18	10 x 2 = 20
6 x 3 = 18	7 x 3 = 21	8 x 3 = 24	9 x 3 = 27	10 x 3 = 30
6 x 4 = 24	7 x 4 = 28	8 x 4 = 32	9 x 4 = 36	10 x 4 = 40
6 x 5 = 30	7 x 5 = 35	8 x 5 = 40	9 x 5 = 45	10 x 5 = 50
6 x 6 = 36	7 x 6 = 42	8 x 6 = 48	9 x 6 = 54	10 x 6 = 60
6 x 7 = 42	7 x 7 = 49	8 x 7 = 56	9 x 7 = 63	10 x 7 = 70
6 x 8 = 48	7 x 8 = 56	8 x 8 = 64	9 x 8 = 72	10 x 8 = 80
6 x 9 = 54	7 x 9 = 63	8 x 9 = 72	9 x 9 = 81	10 x 9 = 90
6 x 10 = 60	7 x 10 = 70	8 x 10 = 80	9 x 10 = 90	10 x 10 = 100

NOTES

....

....

....

Tables de division

÷1
0 ÷ 1 = 0
1 ÷ 1 = 1
2 ÷ 1 = 2
3 ÷ 1 = 3
4 ÷ 1 = 4
5 ÷ 1 = 5
6 ÷ 1 = 6
7 ÷ 1 = 7
8 ÷ 1 = 8
9 ÷ 1 = 9
10 ÷ 1 = 10

÷2
0 ÷ 2 = 0
2 ÷ 2 = 1
4 ÷ 2 = 2
6 ÷ 2 = 3
8 ÷ 2 = 4
10 ÷ 2 = 5
12 ÷ 2 = 6
14 ÷ 2 = 7
16 ÷ 2 = 8
18 ÷ 2 = 9
20 ÷ 2 = 10

÷3
0 ÷ 3 = 0
3 ÷ 3 = 1
6 ÷ 3 = 2
9 ÷ 3 = 3
12 ÷ 3 = 4
15 ÷ 3 = 5
18 ÷ 3 = 6
21 ÷ 3 = 7
24 ÷ 3 = 8
27 ÷ 3 = 9
30 ÷ 3 = 10

÷4
0 ÷ 4 = 0
4 ÷ 4 = 1
8 ÷ 4 = 2
12 ÷ 4 = 3
16 ÷ 4 = 4
20 ÷ 4 = 5
24 ÷ 4 = 6
28 ÷ 4 = 7
32 ÷ 4 = 8
36 ÷ 4 = 9
40 ÷ 4 = 10

÷5
0 ÷ 5 = 0
5 ÷ 5 = 1
10 ÷ 5 = 2
15 ÷ 5 = 3
20 ÷ 5 = 4
25 ÷ 5 = 5
30 ÷ 5 = 6
35 ÷ 5 = 7
40 ÷ 5 = 8
45 ÷ 5 = 9
50 ÷ 5 = 10

÷6
0 ÷ 6 = 0
6 ÷ 6 = 1
12 ÷ 6 = 2
18 ÷ 6 = 3
24 ÷ 6 = 4
30 ÷ 6 = 5
36 ÷ 6 = 6
42 ÷ 6 = 7
48 ÷ 6 = 8
54 ÷ 6 = 9
60 ÷ 6 = 10

÷7
0 ÷ 7 = 0
7 ÷ 7 = 1
14 ÷ 7 = 2
21 ÷ 7 = 3
28 ÷ 7 = 4
35 ÷ 7 = 5
42 ÷ 7 = 6
49 ÷ 7 = 7
56 ÷ 7 = 8
63 ÷ 7 = 9
70 ÷ 7 = 10

÷8
0 ÷ 8 = 0
8 ÷ 8 = 1
16 ÷ 8 = 2
24 ÷ 8 = 3
32 ÷ 8 = 4
40 ÷ 8 = 5
48 ÷ 8 = 6
56 ÷ 8 = 7
64 ÷ 8 = 8
72 ÷ 8 = 9
80 ÷ 8 = 10

÷9
0 ÷ 9 = 0
9 ÷ 9 = 1
18 ÷ 9 = 2
27 ÷ 9 = 3
36 ÷ 9 = 4
45 ÷ 9 = 5
54 ÷ 9 = 6
63 ÷ 9 = 7
72 ÷ 9 = 8
81 ÷ 9 = 9
90 ÷ 9 = 10

÷10
0 ÷ 10 = 0
10 ÷ 10 = 1
20 ÷ 10 = 2
30 ÷ 10 = 3
40 ÷ 10 = 4
50 ÷ 10 = 5
60 ÷ 10 = 6
70 ÷ 10 = 7
80 ÷ 10 = 8
90 ÷ 10 = 9
100 ÷ 10 = 10

NOTES
....
....
....

Printed in France by Amazon
Brétigny-sur-Orge, FR